Inhalt

Der Nutzen von Beratungsunternehmen aus Sicht der Kunden

Kernthesen

Beitrag

Fallbeispiele

Weiterführende Literatur

Impressum

Der Nutzen von Beratungsunternehmen aus Sicht der Kunden

M. Westphal

Kernthesen

- Die wirtschaftliche Situation zwingt Unternehmen, ihre Organisation einer Überprüfung zu unterziehen. Beratungsunternehmen werden jedoch häufig nur noch eingeschränkt eingebunden.
- Nach dem Kampf um Berater überwiegt inzwischen der Kampf der Berater um ihre Klienten.
- Die Anforderungen der Auftraggeber an ihre Berater werden von den Kunden heute immer enger formuliert.

- Die Auswahl der richtigen Berater hängt entscheidend vom Umfang der geplanten Projekte ab.

Beitrag

Die wirtschaftliche Situation zwingt Unternehmen, ihre Organisation einer Überprüfung zu unterziehen. Aber nutzt das dem Geschäft der Berater?

Die großen Management-Beratungsunternehmen wie Roland Berger und McKinsey haben auch mit den negativen Konjunktureinflüssen zu kämpfen. So vermeldete McKinsey für das Jahr 2002 erstmals einen Umsatzrückgang von etwa 4 Prozent. Auch Roland Berger konnte seinen Umsatz zwar noch steigern, allerdings auf Kosten des operativen Ertrags, der gefallen ist.

Der Wirtschaft fehlt ein grundsätzliches Vertrauen in die Zukunft, was zu einem Strecken der Beratungsleistungen führt, oder aber dazu, dass bereits begonnene Projekte von den Unternehmen

Inhouse fortgeführt werden, wenn auch mit ungewisser Aussicht auf Erfolg. Die Unternehmen reduzieren massiv ihre Kosten und da die Honorare der Berater variable Kosten darstellen, stehen diese auf der Streichliste ganz oben.

Bedingt durch die wirtschaftliche Situation werden die Auftragslose für Berater kleiner. Es werden nur Projekte umgesetzt, die weniger Manpower benötigen. Häufig werden die Berater auch nur noch als Leiter oder Moderatoren von intern besetzten Strategiegruppen eingesetzt. (1)

Nach dem Kampf um Berater überwiegt inzwischen der Kampf der Berater um ihre Klienten

Aufträge können Berater nur dort gewinnen, wo sie dem Kunden schon bei Auftragsvergabe zeigen können, was das Projekt bringt. Sofern nachweisbare Verbesserungen der Wertschöpfung, Kostensenkung oder schnelle Umsatzsteigerungen aufgezeigt werden können, gibt es auch einen Markt. Allerdings bedingt dies auch, dass die Angebote so gut ausgearbeitet sein müssen, dass der Nutzen der Leistung sofort im Detail erkennbar ist. Vage Versprechungen sind rezessionsgeplagten Firmen nicht mehr genug. (2)

Aufgrund der Marktsituation des Beratermarktes, der sich von einer Wachstums- in eine Reifephase entwickelt, in dem nicht mehr der Kampf der Kunden um die Berater vorherrscht, sondern umgekehrt die Berater um ihre Kunden kämpfen müssen, ist auch die Konsolidierung der Honorierung abzusehen.

Die großen Beratungshäuser reagieren auf die Krise mit neuen Geschäftsideen, also dem Versuch, auf Feldern Fuß zu fassen, die bislang nicht zum Kerngebiet gehörten. So möchte McKinsey verstärkt den öffentlichen Sektor und mittelständische Firmen beraten und Turnaround-Fälle bearbeiten. Roland Berger Strategy Consultants, deren Spezialgebiet gerade diese Problemfirmen darstellen, versucht die Internationalisierung voranzutreiben. Diese Neuausrichtung wird als durchaus sinnvoll erachtet, denn in Deutschland ist der Markt unter den Großen weitgehend verteilt.

Dagegen spricht die mühsame und teure Bearbeitung ausländischer Märkte. Alle Neuausrichtungen kosten viele Energien. Diese sind nur mit motivierten Mitarbeitern zu bewältigen. Da sich aber viele Berater derzeit aktiv auf die Suche nach neuen Jobs machen, sind derartige Unterfangen doppelt schwer zu meistern. (3)

Welche Anforderungen stellen Auftraggeber an ihre Berater?

Zu fragen ist, welche Kriterien den beauftragenden Unternehmen wichtig sind, dass heißt, wann und warum haben kleinere Häuser die Nase in der Gunst ihrer Kunden vorne?

Erfahrung

Es scheint, dass die Kommunikation, also das Eingehen auf die Sprache der Kunden im Gegensatz zu Beraterdeutsch wichtig ist. Aber auch die Umsetzung der Projekte durch das Beraterteam gleich vor Ort und das Alter der Berater spielen eine wichtige Rolle. So sind die Berater von McKinsey durchschnittlich 32 Jahre alt; die von den kleineren Spezialisten haben ein deutlich höheres Durchschnittsalter, was auch ein Kriterium für deren Erfahrung ist.

Gerade das Thema Alter ist sicher auch bedingt durch die Tendenz der vergangenen Jahre, in denen die Großen rasant wuchsen und sich ihren Nachwuchs zu großen Teilen nur von der Hochschule rekrutieren konnten. Die spezialisierten Top-Berater suchten sich ihre Mitarbeiter unter den Fachleuten der Unternehmen jener Branchen, in denen sie arbeiten. Somit kann die Kompetenz und das Engagement für die Sache des Klienten bei diesen Häusern tendenziell größer sein als in den großen Beratungsunternehmen, in denen die jungen Berater häufig keine praktische Erfahrung aufweisen, sondern diese in den einzelnen Beratungsprojekten erst ansammeln, evtl. auch um dieses Wissen dann für eine spätere Karriere im Unternehmen anzuhäufen. (4)

Gerade die Seniorität und damit langjährige Management- und Beratererfahrung von Beratern steht bei den Kunden hoch im Kurs. Im Gegensatz dazu fallen Berater-Teams, die nur mit Anfängern besetzt sind, durch. (2) Bisher war teilweise das Modell gängig, dass ein Partner oder Senior Berater der Beratungsgesellschaft das Geschäft abschließt und danach für hohes Honorar, frisch gebackene Hochschulabsolventen zum Klienten schickt. Dies wird von Kunden nicht mehr akzeptiert. (3)

Operative Umsetzung

Die Kunden verlangen von den Consultants nicht

mehr abstrakte Strategiepapiere, sondern vor allem die operative Umsetzung der Verbesserungsvorschläge. Darüber hinaus wünschen sich Unternehmen von Beratern auch weniger standardisierten Lösungen, sondern individuell angepasste Konzepte. (3)

Erfolgsorientierte Abrechnung

Die von vielen Unternehmen gewünschte erfolgsorientierte Abrechnung ist allerdings bisher noch selten anzutreffen. Immer noch überwiegt die klassische Abrechnung nach Aufwand oder zu Festpreisen. Gründe hierfür liegen insbesondere in der Tatsache begründet, dass der Unternehmensberater keine unternehmerischen Entscheidungen fällt; somit würde beispielsweise in der Sanierungsberatung eine erfolgsorientierte Entlohnung schwierig. Darüber hinaus könnten Berater in Fällen erfolgsorientierter Bezahlung motiviert sein, die Projekte hin zu kurzfristigen beeindruckenden Ergebnissen zu steuern, die sich mittel- oder langfristig aber zum Nachteil des Unternehmens entwickeln könnten.

Probleme könnten sich auch aus der in solchen Fällen sehr aufwändigen Vertragsgestaltung ergeben, welche die Klienten ebenso wie die Berater scheuen.

Die Berater haben insbesondere die Sorge, dass die gesamte Verantwortung für ein Beratungsprojekt auf den Berater abgeschoben würde und/oder das Beratungshonorar aufgrund vager Begründungen nicht oder nur teilweise ausgezahlt würde. Sollten sich die Parteien trotzdem auf erfolgsorientierte Beratung einigen, so muss bei der Vertragsgestaltung unbedingt darauf geachtet werden, dass die Kriterien für die Bewertung des erzielten Erfolgs eindeutig geregelt sind, wobei nicht unbedingt nur auf den "Enderfolg" abzuzielen ist, sondern gegebenenfalls Einzelerfolgspunkte als Meilensteine definiert werden sollten. (1)

Die grundsätzliche Frage ist, wie überhaupt der Erfolg eines Beratungsprojektes sinnvoll bestimmt werden kann. Ausgangspunkt eines Beratungsprojektes muss die exakte, ausführliche und eindeutige Beschreibung des Projektes und seiner Ziele sein. Für den Erfolg des Beratungsprojektes ist die sorgfältige Definition einzelner Projektabschnitte, sowie Festlegung regelmäßiger Gesprächstermine, in denen alle am Projekt Beteiligten auf einen einheitlichen Informationsstand gesetzt werden und der jeweilige Zielerreichungsgrad dokumentiert wird, entscheidend. Das ermöglicht auch ein rechtzeitiges Gegensteuern, sollte sich das Projekt nicht in die vom Auftraggeber erwartete Richtung bewegen. (1)

Kommunikation

Der Erfolg eines Beratungsprojektes hängt damit vor allem auch von einer gelungenen Kommunikation zwischen dem Berater und dem Kunden ab. Der Berater muss durch die Berücksichtigung eines persönlichen Beziehungsaspektes, neben dem reinen Inhaltsaspekt zu einem Gelingen der Kommunikation beitragen. Versteht nämlich die eine Partei die andere nicht richtig, wird der Beratungsprozess gestört und die Wahrscheinlichkeit des Scheiterns des gesamten Beratungsprojektes steigt. Ein häufig auftretendes Problem besteht im bewussten Bestreben von Beratern, die Klienten durch künstlich hochgetriebene Komplexität zu verwirren, um sich selbst dann als Problemlöser und Komplexitätsreduzierer zu profilieren. Zwar ist die Beratersprache durchsichtiger als die wissenschaftliche Sprache, trotzdem beinhaltet sie immer noch eine erhebliche Anzahl an theoretischen Begriffen. Somit ist der Berater gefordert, eine Anpassung seiner Fachsprache an die Bedürfnisse seiner Klienten anzupassen.

Insbesondere für die spätere Umsetzung eines Projektes ist es von immanenter Bedeutung, dass die Beraterempfehlung richtig verstanden wird, um sie später auch adäquat umzusetzen. Gerade diejenigen

Mitarbeiter, die nicht aktiv am Projekt beteiligt waren, laufen Gefahr, die in Fachsprache verklausulierten Empfehlungen nicht oder falsch zu verstehen. Darüber hinaus besteht die Gefahr der Ablehnung, da die Beratungsresultate als zu abgehoben von der Realität empfunden werden. (5) Wichtiger als reines Verkaufen ist in den Augen vieler Beteiligter auch eine intensive Kundenbeziehung, die erst eine sichere Kommunikation für erfolgreiche Projekte sicherstellt. (3)

Qualifikation

Der Ruf von Unternehmensberatern hat sich in den vergangenen Jahren teilweise verschlechtert. Schuld daran sind insbesondere so genannte "Bauchladen-Unternehmensberater", die sich nicht auf gewisse Beratungsbereiche spezialisieren. Qualität im Consulting-Bereich soll vor allem durch den Nachweis von Referenzen, Weiterbildung und die Einführung einer Ethik-Kommission überprüft werden.

In Österreich reicht z. B. für die Ausübung des Berufes eines Unternehmensberaters ein Gewerbeschein ohne weiteren Qualifikationsnachweis aus. Österreich möchte auf

Initiative von Incite (Institute for Management Consultants and Information Technology Experts), einer Plattform von verschiedenen Beratungsunternehmen, eine Zertifizierung als CMC (Certified Management Consultant) einführen. Um diese Zertifizierung zu erhalten, müssen bestimmte Kriterien erfüllt werden, wie beispielsweise das Erlernen einer zusätzlichen Wirtschaftssprache und der Ausbau von sozialen Kompetenzen und Kenntnissen im Projektmanagement.
Voraussetzungen für die Teilnahme an einem solchen CMC-Lehrgang sind ein Gewerbeschein für die Unternehmensberatung und eine mindestens dreijährige ununterbrochene Tätigkeit als Consulter. Wesentliche Eigenschaften eines seriösen Consulters sind die Kenntnisse über sein Feld der Beratung und die Nischen in seinem Geschäft, sowie die klare Vermittlung und deren Beschreibung. Auch die gängigsten Consulting-Methoden müssen gekannt und beherrscht werden. Vom Kunden werden von einem Berater eine unabhängige Außensicht erwartet und der Berater muss auch den Mut besitzen, grundlegende Veränderungen einzufordern. [6]

Wie findet ein Unternehmen den richtigen Berater?

Die kleineren Berater haben ein weitaus schärferes Profil in Richtung einzelner Branchen oder Beratungsdisziplinen hinsichtlich ihrer Beratungskompetenz aufgebaut, als die großen - eher generalistisch aufgestellten - Beratungsunternehmen.

Kriterien für die Auswahl von - für ein Projekt relevanten - Beratern ist deren Erfahrung mit ähnlichen Projekten, Aufgabenstellungen und/oder der Branche des Unternehmens. Außerdem spielen die fachliche Qualifikation und entsprechend überprüfbare Referenzen eine entscheidende Rolle, wie auch die Mitgliedschaft im BDU (Bund Deutscher Unternehmensberater). Während einer Kick-Off-Präsentation, zu der drei bis vier unterschiedliche Beratungs(häuser) eingeladen werden, muss selbstverständlich auch die Chemie zwischen beiden Parteien überprüft werden. (1)

Die auftraggebenden Unternehmen müssen sich darüber im Klaren sein, dass größere und umfangreiche Projekte erfolgreich meist nur von größeren Unternehmensberatungen abgewickelt werden können, wohingegen es sich für Mittelständler auch anbieten kann, mit einzelnen Spezialisten oder kleineren Beratungsteams, die ihre Bedürfnisse ganz genau kennen, zu kooperieren.

Aufgrund der hohen Komplexität vieler Projekte,

lassen sich einzelne Probleme eines Unternehmens nicht mehr ohne weiteres isolieren. In einem Beratungsprozess wird häufig Strategie-, Organisations- und IT-Beratung miteinander verknüpft, genauso wie Probleme z. B. im Produktionsablauf ihre Ursache in oder aber Auswirkungen auf andere Funktionen eines Unternehmens haben können. Somit erscheint es häufig sinnvoll, eine Beratung "aus einer Hand" einer eher generalistisch aufgestellten Unternehmensberatung zu ordern, als sich mit auf Kernkompetenzen fokussierten Spezialisten zu umgeben. (1)

Fallbeispiele

SAP Deutschland lobt seinen Berater Cell Consulting als den Berater, mit dem die größte Wirkung auf die Organisation und der höchste Value for Money erzielt wurde. Ebenso sieht C&A die Supply-Chain-Optimierung durch Kurt Salmon Associates als entscheidend für den erzielten Turnaround an. (4)

Gut zehn Logistikberater aus Europa und den USA haben sich in der Vereinigung Experts International

AG (e4e) zusammengeschlossen. Ziel dieses netzwerkartigen Zusammenschlusses ist es, das jeweils lokale Spezialwissen der einzelnen Berater zusammenzuführen. Die zunehmende Globalisierung führt zu Bedarf an grenzüberschreitenden Informationen und Dienstleistungen, die man ungern mit fremden oder mäßig vertrauten Partnern abwickeln möchte. Der Zusammenschluss hat ein gemeinsames Logo und Marketingkonzept. Das Angebot reicht rund um das Transport- und Logistikwesen, in dem die Berater allesamt Insider sind. Es werden Leistungen angeboten in den Bereichen Personalvermittlung, Outplacement, Mergers&Acquisition, Vermittlung von Übernahmen, Beteiligungen sowie Management Consulting. (8)

Die Boston Consulting Group konnte im vergangenen Jahr als eine der wenigen Beratungsfirmen ihre Honorareinnahmen steigern. (3)

Weiterführende Literatur

(1) Weißbach, Corinne, Haben Berater Vertrauen verspielt? Erfolgsorientierte Honorierung ist noch selten, Markt und Technik, Heft 04/2003, S. 60
aus Versicherungswirtschaft, 15.12.2002, 57.Jg., Nr. 24, S. 1975

(2) Jung-Spunde haben als Berater keine Chance

Kunden buchen Erfahrung und nachweisbare Verbesserungen
aus FTD Financial Times Deutschland vom 20.02.2003, Seite 33

(3) Noch Fragen? Die etablierten Unternehmensberater stecken in der Krise. Klamme Kunden streichen die Honorare zusammen, Spezialanbieter kagen Auftraggeber ab, frustrierte Mitarbeiter murren. Doch für die eigenen Probleme haben die Ratgeber keine Lösung parat.
aus FTD Financial Times Deutschland vom 06.02.2003, Seite 29

(4) Zehnkampf der Besserwisser Beraterstudie. Wie gut sind McKinsey und Roland Berger wirklich? Im Vergleich mit acht kleinen Konkurrenten landen sie oft auf den hinteren Plätzen.
aus Capital vom 06.02.2003, Seite 32

(5) Graumann, Matthias, Wann gelingt die Kommunikation in der Unternehmenberatung? Wirtschaftswissenschaftliches Studium, Heft 3/2003, S. 142 147
aus Capital vom 06.02.2003, Seite 32

(6) Berater ringen ums Image Neue Plattform der Unternehmensberater fordert eine einheitliche Zertifizierung für Consulter
aus WirtschaftsBlatt, 08.02.2003, Nr. 1804, S. A28

(7) Zunft will 2003 zumindest Umsatz des Vorjahres

erreichen Berater stemmen sich gegen Flaute
aus Die Welt, Jg. 54, 20.02.2003, Nr. 43, S. 13

(8) Mosler, Guenter, Gemeinsames Dach für mittelständische Berater, Interview mit Fritz W. Schultze-Soares, Sprecher der Neugründung Experts for Experts International AG (e4e), DVZ, Nr. 3, 07.01.2003
aus Die Welt, Jg. 54, 20.02.2003, Nr. 43, S. 13

Impressum

Der Nutzen von Beratungsunternehmen aus Sicht der Kunden

Bibliografische Information der deutschen Nationalbibliothek

Die Deutsche Nationalbibliothek verzeichnet diese Publikation in der deutschen Nationalbibliografie; detaillierte bibliografische Daten sind im Internet über http://dnb.d-nb.de abrufbar.

ISBN: 978-3-7379-0868-9

© 2015 GBI-Genios Deutsche Wirtschaftsdatenbank GmbH, Freischützstraße 96, 81927 München, www.genios.de

Alle Rechte vorbehalten. Dieses Werk ist einschließlich aller seiner Teile – z.B. Texte, Tabellen und Grafiken - urheberrechtlich geschützt. Jede Verwertung außerhalb der Grenzen des Urheberrechtsgesetzes bedarf der vorherigen Zustimmung des Verlags. Dies gilt insbesondere auch für auszugsweise Nachdrucke, fotomechanische

Vervielfältigungen (Fotokopie/Mikroskopie), Übersetzungen, Auswertungen durch Datenbanken oder ähnliche Einrichtungen und die Einspeicherung und Verarbeitung in elektronischen Systemen.